CONSTANTINE.

Galeries historiques de Versailles.

DESCRIPTION

DE LA

SALLE DE CONSTANTINE;

PAR M.r L. W.

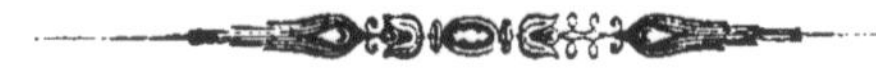

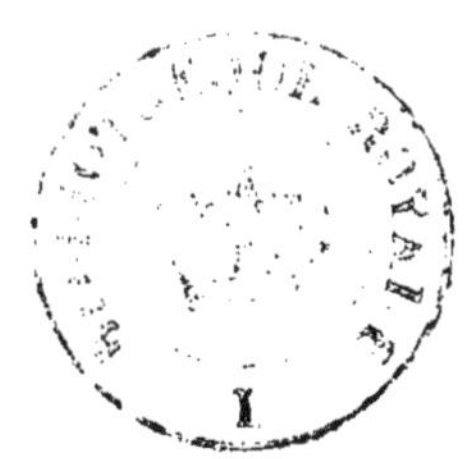

VERSAILLES,

IMPRIMERIE DE MONTALANT-BOUGLEUX,

AVENUE DE SCEAUX, 4.

1842.

INTRODUCTION.

Si le Musée de Versailles a suscité l'exagération des louanges et des critiques, si même il a été accusé de mal représenter ces gloires de la France auxquelles il a été ouvert, nous ne saurions douter de la justice que tout cœur français rendra à la pensée patriotique d'une création, sans rivale en Europe. Si nous n'avons pas de poème national comme les anciens, nous avons, grâce au Roi, un Musée national où tout le monde admire ce qu'il y a de grand dans la pensée première, d'heureux dans l'ordonnance, et de vraiment beau, comme art, dans plusieurs parties de cette brillante représentation de notre histoire.

Quel est le cœur qui n'a pas battu à la vue de nos héros s'illustrant sur tant de terrains divers, et à toutes les époques ? Quel est le Français qui entrerait froidement dans la galerie nouvelle, dite *de Constantine?* Depuis qu'elle est ouverte, elle n'a pas cessé une heure d'être pleine de visiteurs qui ne peuvent s'en arracher, et qui ne manquent pas d'y revenir.

Cette salle est due en entier au pinceau de M. Horace Vernet, qui a su y conserver l'harmonie au milieu de sujets divers. La lumière vient d'en haut, vive, abondante ; les rayons du soleil tombent tour à tour de trois côtés, et donnent aux tableaux une illusion de plus : un escalier neuf, construit tout exprès, amène le spectateur au milieu de la salle, en face de l'assaut de Constantine : aussi est-on frappé tout d'abord de la vérité et de la beauté de ces trois grands tableaux que tout Paris a déjà admirés au Salon de 1839. Le principal fait historique de cette galerie est, et il sera toujours Constantine !

Nous commencerons donc par la description du siége, et nous ferons descendre l'observateur, un peu à droite, devant le premier des trois tableaux qui ont attiré ses regards. On pourra s'aider de la planche si exacte gravée par M. Gavard, et qui se vend dans la galerie ; elle donne, avec le dessin des têtes, les noms de tous les personnages.

SIÉGE DE CONSTANTINE.

—

Après la brillante conquête d'Alger, si digne de la France, et si nationale; après six ans de combats nécessaires pour éloigner les Arabes, il fallait détruire le dernier reste de l'ancienne domination, par la prise de Constantine. Une première expédition conduite par le maréchal Clauzel, en novembre 1836, n'ayant pas réussi, le général Damrémont fut chargé, en 1837, de prendre Constantine. L'armée, arrivée le 6 octobre devant la ville, en était maîtresse au bout de sept jours.

Premier Tableau.

L'ennemi repoussé des hauteurs de Coudiat-Ati.

(10 Octobre 1837.)

Le peintre a choisi pour le sujet de son premier tableau un combat livré le 10 sur les hauteurs de Coudiat-Ati, qui dominent la place.

Une partie de l'armée est campée dans le cimetière de Constantine : plusieurs tombes ont été ouvertes, et les pierres enlevées pour construire à la hâte un retranchement. Dans le fond, on aperçoit Constantine et le tombeau du Marabout, minaret où le prêtre monte pour appeler à la prière.

L'action est engagée : la légion étrangère, soutenue par le 2.me bataillon du 2.me léger, culbute de la hauteur les Arabes qui sont sortis tumultueusement de la ville. L'un d'entre eux, qui porte un drapeau rouge, fait de vains efforts pour ramener les siens à la charge.

Près des deux cyprès qui font un si bel effet dans le tableau, M. le duc de Nemours anime les troupes en leur montrant l'ennemi. A sa droite se trouvent M. le comte de Chabannes, lieutenant-colonel du 8.e régiment de chasseurs, officier d'ordonnance de M. le duc de Nemours; M. le baron Boyer, colonel, aide-de-camp de M. le duc de Nemours; M. Baudens, chirurgien-major ; M. le baron de Dumas, chef d'escadron au corps royal d'état-major, aide-de-camp du roi; et un peu au-dessous de ce dernier, M. le prince de la Moskowa, capitaine au 5.e régiment de hussards.

Au bas de la hauteur, avec le coup d'œil assuré et la mâle contenance du chef sur qui reposent la sûreté et l'honneur de l'armée, M. le général Damrémont examine l'action et assiste aux premiers succès d'une expédition dont il ne lui sera pas donné de recueillir les fruits. Près de lui, est M. le maréchal-de-camp Rullière; et derrière, le général Perregaux, qui partagera la mort glorieuse du commandant en chef, écrit quelques ordres qu'un spahi attend.

Sur le premier plan, deux officiers blessés sont rapportés par leurs soldats et par des zouaves. Le premier à droite, qui fait face au spectateur, est M. Raindre, capitaine à la légion étrangère; le second, dont la tête retombe lourdement, est déjà mort: c'est M. Marlan, ancien capitaine de la garde impériale et qui avait le même grade dans la légion étrangère. Quelques heures auparavant, il avait dit à un sergent blessé : Tu es bien heureux, te voilà quitte; moi, je suis sûr que je serai tué.

On ne manquera pas d'admirer le calme intrépide du chirurgien (2.ᵉ léger), qui, au milieu du sifflement des balles, ne pense qu'à son art et à son devoir : devoir sublime, réparer le mal que d'autres ont fait!

Un Arabe donne de l'eau-de-vie à un soldat blessé; et dans cette partie du tableau, près de ce bloc de pierre, M. Horace Vernet a placé à la fois l'état-major, la cantine et l'ambulance.

2.ᵉ Tableau.

Les colonnes d'assaut se mettent en mouvement.

(13 Octobre 1837.)

L'artillerie établie à grand'peine sur un terrain défoncé par les pluies, a ouvert une large brèche dans les murailles, par le seul côté où elles soient attaquables. En effet, à gauche, un ravin dont le peintre a laissé habilement deviner toute la profondeur, sépare la ville de la campagne. Les maisons s'élèvent au-dessus de rochers inaccessibles. C'est pourtant par cet affreux précipice que les habitants, jugeant des mœurs francaises par les leurs, chercheront à fuir avec leurs familles, quand les Français seront maîtres de la place, comme si nous faisions la guerre aux femmes et aux enfants.

On est à l'instant décisif : tout est prêt, l'assaut commence.

Ce qui frappe d'abord dans cette grande et magnifique composition, c'est le contraste du mouvement extraordinaire aux deux extrémités avec l'immobilité héroïque au centre.

Devant nous est la batterie de brèche. Cet officier assis sur l'affût d'un canon, mais qui conserve, malgré l'âge et la fatigue, une attitude martiale et pleine d'autorité, est M. le comte Valée, lieutenant-général d'artillerie, que la mort du général Damrémont, arrivée la veille, a investi du commandement en chef. Dans quelques instants il aura terminé la campagne qui lui méritera le bâton de maréchal de France. Près de lui, le brave et malheureux colonel Combes, du 47.e de ligne, une main sur le cœur, attend l'ordre de se mettre à la tête de la 2.e colonne d'assaut. Dans le groupe d'officiers dont il fait partie, on remarque à sa droite le marquis Victor de Caraman, commandant en second l'artillerie, qui, après avoir échappé au feu de l'ennemi, mourut du choléra dans la ville même ; à sa gauche, le lieutenant-général baron de Fleury, commandant du génie.

En tête de la batterie, et tout-à-fait à découvert, le spectateur reconnaît M. le duc de Nemours, qu'il a déjà vu aux premiers rangs dans le précédent tableau.

Le prince, chargé du commandement de la tranchée, donne par un geste énergique le signal de l'attaque.

La première colonne d'assaut, composée des zouaves, d'un détachement de sapeurs du génie et du 2.e léger, s'élance, conduite par le lieutenant-colonel de Lamoricière, qui s'est acquis une renommée si brillante en si peu d'années. D'une main il tient son épée en l'air, et de l'autre il montre aux siens la brèche qui va servir de théâtre à leur valeur. Plusieurs officiers s'empressent à sa suite (MM. Vieux, commandant du génie, de Richepanse, capitaine au 5.e régiment de hussards, et Napoléon Bertrand, capitaine de spahis); mais déjà il est devancé par Debray, sergent-major au 2.e léger, et par un capitaine des zouaves, M. de Garderens de Boisse, qui porte un drapeau et court à l'ennemi. Derrière le corps principal, quelques zouaves se hâtent pour reprendre leur rang. Remarquons tout ce qu'il y a de vif et de pittoresque dans leur attitude, et comme on lit sur leurs traits le désir d'avoir avec leurs camarades leur part du danger.

Dans l'intérieur de la batterie, la deuxième colonne d'assaut est formée. Un peloton d'officiers doit ouvrir le chemin aux soldats. Parmi eux sont les trois capitaines du génie Achet, Leblanc et Potier, qui trouvèrent la mort en montant à l'assaut après avoir concouru à la direction des travaux de l'attaque. Au-dessus d'eux, la garde nationale de Paris est représentée par le baron Frossard, chef d'escadron d'état-major; dans le même groupe, un sous-lieutenant de spahis, Ben Ouani, attire l'attention par sa belle figure et par l'heureux effet que produit son costume arabe, mêlé aux uniformes français. Mais les regards se portent avec un vif intérêt sur un officier étranger, vêtu d'un habit blanc et d'un pantalon vert, M. Roussel, capitaine de cuirassiers Autrichiens; à la noblesse de sa pose et à la fierté de son regard, on comprend qu'il était digne de s'associer aux travaux et à la gloire de notre armée d'Afrique. D'autres étrangers avaient imité son exemple : sir Grenville Temple, lieutenant-colonel Anglais, et M. Bernard, officier Saxon, sont tous deux à droite du peloton d'officiers.

Après eux, viennent la compagnie franche du 2.ᵉ bataillon léger d'Afrique, commandée par M. Guignard, un détachement de sapeurs du génie et le 47.ᵉ de ligne. Les soldats restent immobiles dans la boue dont leurs vêtements sont couverts; l'espoir de combattre bientôt l'ennemi leur fait oublier la fatigue et les privations de la campagne. Et néanmoins, la mort peut être horrible ; à quelques pas d'eux un officier a fait mettre et recouvrir dans un ancien tombeau, le corps d'un soldat qui a eu la tête emportée par un boulet.

A l'extrême droite du tableau, plusieurs soldats apportent M. le baron de Dumas, aide-de-camp du roi, qui a été blessé en marchant avec la première colonne d'assaut.

Quoique nous ayons spécialement pour but de décrire la partie historique de cette galerie, nous ne sortirons pas de notre sujet en disant qu'un des nombreux mérites de ces tableaux, c'est l'habileté avec laquelle M. Horace Vernet a groupé les personnages. Ordinairement, dans les tableaux de combats, l'état-major attire et retient presque toute l'attention du spectateur, aux dépens du reste de l'armée : ici une juste part est faite à chacun; le simple soldat est au premier plan, et cependant c'est sur les généraux que repose le nœud de l'action.

Ici encore, le courage militaire se montre sous tous les aspects: réfléchi et savant chez les généraux, impétueux et plein de feu chez les zouaves qui suivent le colonel Lamoricière, tranquille et même insouciant chez les soldats qui ont l'arme au pied en attendant l'ordre du chef, naturel chez tous, parce qu'ils sont tous dans leur élément. Aussi est-ce une observation qui sort de toutes les bouches, que nul ne saurait égaler M. Horace Vernet dans l'art de saisir la vérité noble des scènes militaires. Parmi tant d'hommes, il n'en est pas un seul dont les traits soient insignifiants ou communs; ils ont chacun une expression particulière, rélevée par cette dignité que l'approche d'un péril glorieux donne à la physionomie.

Parlons enfin d'une scène qui semblerait aisée à détacher de la scène principale, mais qui s'y lie intimement : c'est le dernier coup de canon tiré de la batterie, au moment où la première colonne va toucher la brèche. Deux braves artilleurs, Abripat, maréchal-des-logis, et Salonnet, brigadier, restent impassibles au milieu du feu et de la fumée ardente qui accompagne l'explosion. Ils s'enorgueillissent d'avoir lancé le dernier boulet contre la ville ennemie, qui dans une heure sera française.

3.e Tableau.

Prise de la ville.

(13 Octobre 1837.)

A l'enthousiasme guerrier qui éclate dans ce tableau, on reconnaît la scène dont M. le maréchal Valée a pu dire, dans son rapport, qu'elle était une des actions de guerre les plus remarquables dont il eût été témoin dans sa longue carrière. Mais aussi, quel pinceau a mieux saisi l'élan de la *furie française?* Certes, notre jeune armée n'a pas dégénéré de ces braves troupes qui, durant tant de siècles, ont illustré l'Europe de leurs exploits. Nos vieux soldats, à la vue de cette impétuosité nationale, se croient rendus pour un instant aux exploits de leur jeunesse. « Voulez-vous « savoir comment nous faisions du temps de l'empire? » disait un ancien colonel de la vieille garde, « regardez « les tableaux du siége de Constantine. »

Ce troisième tableau continue l'action du second. La deuxième colonne d'attaque escalade la brèche. Au centre, le colonel Combes se retourne vers ceux qui le suivent et il élève en l'air son képi (coiffure de l'armée d'Afrique); le sublime courage empreint sur son visage, enflamme d'une nouvelle ardeur les officiers qui l'environnent et qui répondent à son appel en brandissant leurs épées. Bientôt il sera blessé à mort; mais, héroïque jusqu'au bout, il ira rendre compte du succès au général en chef, avec tant de sang-froid que l'on ne s'apercevra de sa blessure qu'en le voyant tomber. C'est lui qui dit ces paroles dignes d'un Spartiate: « Ceux qui ne sont pas « blessés mortellement pourront se réjouir d'un aussi « beau succès; pour moi, je suis heureux d'avoir pu « faire encore quelque chose pour le Roi et pour la « France. » On reconnaît à sa droite MM. de Chabannes; Roussel, officier autrichien; le prince de la Moskowa; à sa gauche MM. Guignard et Frossard, qui, dans le tableau précédent, se trouvent entre M. le duc de Nemours et M. le général Valée.

Les soldats se précipitent sur les pas de leurs chefs dont ils partagent l'ardeur; l'un d'eux, atteint d'une balle, tombe et s'accroche à l'épaulette de son camarade, qui se retourne brusquement et fait assez voir par sa physionomie combien il craint de perdre, même malgré lui, son rang dans le péril. Les sapeurs du génie portent tout ce qui est nécessaire pour forcer la résistance de l'ennemi dans la ville: des échelles, des haches, des sacs de poudre. Au milieu de cette scène terrible, la gaîté nationale n'a pas perdu tous ses droits; elle respire dans les traits du jeune et courageux officier qu'on voit au premier plan, M. Paté, chef de bataillon des tirailleurs d'Afrique.

A droite, une scène d'un comique noble repose l'œil du spectateur. Sous les ordres du tambour-major du 47.me de ligne, six tambours et trompettes battent et sonnent la charge; le tambour-major, uniquement préoccupé de l'importance de son rôle, semble étranger à ce qui se passe autour de lui; il s'appuie contre un débris de muraille, et pose à l'assaut comme il ferait à la tête de son régiment, quand toutes les femmes le regardent. Nous ne décrirons pas l'attitude si variée et si naturelle des tambours et des trompettes; nous ferons remarquer seulement celui qui, tournant la tête, jette sur les zouaves du troisième plan un regard où se peint l'ivresse de la charge et du combat.

Le héros du deuxième plan est le colonel Combes, celui du troisième est M. de Lamoricière. Il est en haut de la brèche, dans son costume de lieutenant-colonel des zouaves; son épée, semblable à celle des anciens paladins, est suspendue à son bras droit; de la main gauche il porte une hache; il donne des ordres avant de pénétrer dans la ville où il sera blessé par l'explosion d'une mine. On retrouve à ses côtés MM. Vieux, qui fut tué dans l'action; Bertrand, de Richepanse, et M. de Garderens de Boisse qui, dans le deuxième tableau, court le premier à la brèche; il tient encore et agite son drapeau planté au bout d'un fusil, mais il est tombé grièvement blessé à l'épaule. A droite les zouaves, conduits par le lieutenant Samary, armé de l'épée et du poignard, poursuivent l'ennemi qui s'est réfugié dans les maisons voisines.

Dans cet assaut meurtrier, plusieurs officiers ont déjà été atteints; près d'une pièce de canon à moitié renversée, un zouave soutient son capitaine, M. Sanzai, qui, au milieu de cruelles souffrances, se ranime en jetant les yeux sur le colonel Combes. Derrière lui M. de Sérigny, chef de bataillon au 2.me léger, est enseveli sous un pan de mur que les Arabes ont fait écrouler sur lui.

Au-dessus de la frise qui surmonte ces trois magnifiques tableaux, des peintures en grisaille imitent les bas-reliefs antiques; elles ont été composées et exécutées par M. Féron, sous la direction de M. Horace Vernet. Elles représentent les fruits de la colonisation, et d'abord l'instruction militaire : ce sont des sergents français qui font faire l'exercice à des zouaves. Puis des ingénieurs s'occupent à tracer des routes; la troisième scène représente la culture faite par les soldats, et enfin l'on voit le port et l'échange des marchandises. Les trois médaillons dorés sont : *la Persévérance, la Valeur, la Vigilance.*

Outre ces trois tableaux, qui constituent dans leur ensemble l'œuvre capitale de la galerie, deux autres tableaux sont consacrés à la guerre d'Afrique.

COMBAT DE L'HABRAH.

(3 Décembre 1835.)

M. le maréchal Clauzel, gouverneur-général de l'Algérie, marche sur Mascara. Abd-el-Kader l'attend dans un ravin qui sépare le bois de l'Habrah des hauteurs qui terminent l'horizon à droite. Mais, malgré l'avantage des lieux et l'habileté avec laquelle il en profite, il voit son armée mise en déroute.

On a dû remarquer que le paysage des environs de Constantine est aride et désolé; l'immense perspective qui se déroule au fond des deux premiers tableaux, n'offre à l'œil avide rien de cette végétation africaine si vantée. Mais sur le théâtre nouveau où s'exerce la valeur de nos princes ou de nos soldats, la nature déploie toute sa richesse et sa magnificence. Les arbres, les buissons, les fleurs, les collines abruptes, le ciel ardent, et jusqu'au chameau renversé, dont les souffrances excitent la pitié, enfin cette verve de couleur locale que M. Horace Vernet possède à un si haut degré, nous transporte au milieu de l'Afrique, telle qu'on aime à la rêver.

Le moment choisi par le peintre, est celui où M. le

duc d'Orléans attaque le bois de l'Habrah, à la tête des voltigeurs du 17.me léger. Parmi les officiers qui le suivent, on distingue M. le général Baudrand qui porte des lunettes, le sabre haut, et qui cherche à joindre le cheik; M. Bertin-de-Vaux (Auguste) et M. le duc d'Elchingen. En avant, M. de Létang, colonel au 2.me régiment des chasseurs d'Afrique, tire un coup de pistolet à bout portant sur un Kabyle.

Les Arabes, tout en se défendant, se retirent vers l'intérieur du bois, emportant leurs morts et leurs blessés; un père charge son fils expirant sur ses épaules. Mais le principal personnage est un guerrier à cheval, qu'à sa veste bleue (pénitz) richement brodée et à son burnous d'une blancheur éclatante, on reconnaît pour un chef. Contraint de fuir, il se retourne encore une fois vers les Français, en brandissant son long fusil; la haine sauvage, le désespoir de l'impuissance, éclatent sur sa figure livide; ses regards étincellent à la vue du prince, qui, bien qu'atteint d'une balle à la cuisse, ne s'est point arrêté, et dont l'intrépidité est rehaussée encore par la furie de son ennemi. L'un est le guerrier civilisé, l'autre le héros barbare : tels autrefois, Jugurtha et les Numides fuyaient en frémissant devant les légions romaines.

Derrière lui, les Français ont pénétré dans le bois, et ils achèvent leur victoire. Le feu et la fumée qui les enveloppent, complètent l'effet si animé de l'action et du paysage. Sur d'autres points le combat dure encore. Au milieu de la plaine, le maréchal Clauzel dirige en personne les tirailleurs; en vain Abd-el-Kader a fait placer, par une manœuvre habile, trois pièces de canon sur la hauteur, dans le but d'inquiéter les derrières de notre armée ; il est complétement vaincu.

Déjà même, sur le troisième plan à droite, un groupe de zouaves et d'Arabes alliés se reposent. L'un d'eux, nommé Abdalla, montre avec orgueil une tête qu'il a coupée dans la mêlée : c'est celle du cavalier qui, l'année précédente, avait tué le brave colonel Oudinot, frère du général, au combat de la Macta.

Près du maréchal Clauzel est un Français vêtu en Arabe. Comme M. le duc d'Orléans lui demandait de quelle tribu il était, il répondit : « De la tribu Mouffetard. » C'était tout simplement un enfant du faubourg Saint-Marceau.

L'emblème de la voussure, médaillon doré, est la *Force*. Le sujet peint en grisaille représente le retour de Mascara, et les soldats français vainqueurs ramènent la population à Oran. Ils portent les enfants sur leurs sacs et leurs mulets, car une grande partie aurait succombé à la fatigue.

L'ARMÉE FRANÇAISE EMPORTE

LE TÉNIAH DE MOUZAIA.

OCCUPATION DU COL.

([illegible] Mai 18[illegible])

Ici encore, c'est la nature africaine vue sous un nouvel aspect ; ce sont des montagnes inaccessibles, des forêts suspendues à leurs flancs escarpés, des défilés effrayants où il semble qu'une poignée d'hommes puisse détruire toute une armée.

Au Téniah de Mouzaïa, sur ces pentes rapides hérissées de rochers, où nos soldats ne pouvaient cheminer qu'en s'aidant des mains, l'art avait ajouté par six mois de travaux aux difficultés de la nature ; et néanmoins notre armée l'a franchi en quelques heures.

Fatiguée d'un combat livré pendant la chaleur du jour sous le soleil d'Afrique, l'armée se repose après la victoire. Nos princes ont partagé ses dangers et sa gloire. Aussi avec quel intérêt les regards se portent sur ces deux frères qui jouissent du bonheur de se retrouver, après avoir tremblé pour les jours l'un de l'autre! Le peintre a mis beaucoup de grâce dans l'abandon avec lequel M. le duc d'Aumale s'appuie sur son frère et lui donne la main. Au début de sa première campagne, il a mené au feu les braves soldats du 23.me de ligne avec l'aplomb d'un vieil officier. M. le duc d'Orléans est encore à cheval; calme et noble comme au combat de l'Habrah, il n'est pas plus enorgueilli du succès qu'il n'était tout-à-l'heure ému du péril.

Ce touchant tableau d'affection fraternelle émeut l'armée ; officiers et soldats, Français et indigènes, le contemplent avec joie, et y répondent par des acclamations unanimes.

Là se trouvent réunis presque tous les illustres officiers de l'armée d'Afrique.

On voit dans le même groupe le général Duvivier, qui porte un burnous blanc ; le colonel Lamoricière, en costume de zouave ; le colonel Changarnier, qui tient le drapeau du 2.me léger, et par derrière le colonel Levaillant. A gauche des princes se trouvent M. le général d'Houdetot, aide-de-camp du Roi ; MM. Bertin-de-Vaux (Auguste), Chabaud-Latour ; M. le duc d'Elchingen, monté sur un cheval blanc, dont nous ferons remarquer en passant le relief admirable ; M. le général Marbot, dont la blessure est pansée par M. Pasquier, chirurgien des Invalides ; et M. de Rumigny, aide-de-camp du Roi, qui a reçu une balle dans la cuisse, et qui est porté sur un brancard par six grenadiers. Enfin, dans la partie inférieure du tableau, à gauche, cet officier-général dont la tête a un caractère si martial est M. Rambaud, colonel du 48.me de ligne.

Les trophées de la victoire sont déposés devant l'état-major ; ils se composent d'armes de forme bizarre, dont plusieurs sont richement ornées, et d'un tambour pris sur l'infanterie régulière d'Abd-el-Kader. M. le duc d'Orléans les achetait aux soldats qui s'en étaient emparés.

Il est inutile d'inviter le spectateur à étudier les scènes pittoresques que M. Horace Vernet a répandues dans le petit plateau qui s'étend sur la droite. Au premier plan, des tirailleurs de Vincennes, corps de formation récente, qui vient d'acheter chèrement son baptême de feu, donnent des secours à un camarade blessé. Près d'eux, un officier d'une beauté remarquable s'appuie à un tronc d'arbre : c'est M. Debray, qui alla le premier à l'assaut de Constantine, et qui au passage de Mouzaïa, était lieutenant au 2.me léger. Un Arabe, coiffé d'un turban vert, témoigne par un rire sauvage sa joie de la réunion des deux princes. Cette physionomie de Bédouin contraste avec l'expression contemplative de la figure voisine, brunie par le soleil, et que rend vénérable une longue barbe rousse. Cette belle tête, qu'on pourrait croire turque, est celle d'un Français nommé Roche.

Sur le premier plan, tout-à-fait à droite, on voit à terre la dépouille et les extrémités sanglantes des bœufs abattus par les Arabes qui viennent d'abandonner la position.

Au fond, le 2.me léger et les zouaves se reforment à mesure qu'ils descendent.

On s'étonne involontairement de voir nos soldats descendre avec rapidité, à travers les escarpements, cette hauteur dont la pente est si raide que les arbres mêmes semblent tenir à peine au sol; ces braves gens viennent d'enlever à la baïonnette les sept redoutes qui couronnent le Mouzaïa, et où ils ont laissé plusieurs centaines de leurs camarades!

Dans cette direction, le paysage se termine par le piton de Mouzaïa, un des sommets les plus élevés de l'Algérie. Le col est rempli en ce moment des troupes qui achèvent de le traverser. Un nuage de poussière, au milieu duquel on distingue l'éclat des baïonnettes, pèse sur elles, et ajoute par une demi-obscurité à l'horreur de ces lieux sauvages. Rien de plus admirable que la sévérité guerrière de cette scène; rien de plus artistique que cette demi-teinte sous laquelle ressort le colonel du 23.me léger, M. Gueswiller, et sur-tout le beau cheval gris que M. le duc d'Aumale venait de lui prêter : car M. Gueswiller avait tant combattu, qu'il ne pouvait plus se soutenir.

Sur un mamelon coupé à pic et qui forme le côté gauche du défilé, se voit une maison à demi-ruinée : c'est un tombeau de marabout que nos soldats appelaient l'*Auberge d'Abd-el-Kader*, parce que le chef ennemi y avait couché. Nos troupes ont aussi escaladé cette roche escarpée, et elles accourent en rapportant leur drapeau déchiré et criblé de balles. Ce glorieux drapeau est celui du 23.me de ligne.

Les emblêmes de la voussure sont la *Tempérance* et la *Fidélité*. Dans les grisailles, des marchands français font des échanges avec les habitants du désert; plus loin, les travaux qui doivent consolider l'édifice de notre puissance se poursuivent avec énergie.

Nous avons dit en commençant que le fait dominant de cette galerie est le siége de Constantine. Mais l'unité historique de la salle est ailleurs; elle réside dans l'éducation militaire des princes. Nous venons de voir combattre en Afrique les ducs d'Orléans, de Nemours et d'Aumale ; nous allons retrouver au siége d'Anvers les ducs d'Orléans et de Nemours, et nous verrons à l'attaque de Saint-Jean d'Ulloa, le prince de Joinville.

SIÉGE D'ANVERS.

(Novembre 1832.)

Tout le monde sait qu'en présence de l'hostilité européenne, il était nécessaire d'achever la délivrance de la Belgique par la prise de la citadelle d'Anvers, d'où les Hollandais mettaient Bruxelles en péril et entravaient le commerce de l'Escaut.

Au premier coup d'œil, le spectateur reconnaît qu'il est transporté des climats d'Afrique dans ceux du Nord, et de la guerre irrégulière dans la grande stratégie.

Des nuages épais chargés d'eau glacée, couvrent le ciel et dérobent la lumière du soleil ; le paysage est triste, la verdure languissante, la terre détrempée par des pluies opiniâtres et remplie de flaques d'eau. Dans le fond, la ville d'Anvers, au milieu de laquelle s'élève la flèche de sa cathédrale, s'harmonie par sa teinte sombre avec le ton général du tableau, tandis que la citadelle, se détachant sur l'horizon par des lignes éclatantes et la fumée de son artillerie, semble défier nos armes.

Mais sa défaite est assurée ; la science militaire a calculé les progrès du siége ; elle les a marqués d'avance jour par jour ; elle a fixé le temps où cette redoutable forteresse succombera. Telle est visiblement la pensée des chefs qui sont réunis dans la tranchée.

Un plan est déroulé sur une table formée de tambours. M. le maréchal Gérard explique à M. le duc d'Orléans et à M. le duc de Nemours, l'ordre et la marche de l'attaque. Près de lui, le général Haxo, la tête découverte, se baisse pour mieux indiquer sur la carte les travaux exécutés par le génie ; à droite, sont les généraux Baudrand, Nugues Saint-Cyr et Neigre, et le colonel Vaillant, chef d'état-major du général Haxo, qui donne un ordre à un sapeur du génie couvert de l'armure de tête de sape. Derrière le maréchal Gérard, le colonel Lafontaine est vu de profil.

A gauche, plusieurs officiers d'état-major de la garde nationale de Paris, sont assis dans la boue. Celui qui a la croix d'honneur et qui tient un livre ouvert devant lui, est M. Scheffer, peintre habile et brave officier ; l'autre est le marquis de Bassano ; le troisième officier de la garde nationale de Paris, est M. le duc d'Istrie.

Dans les autres groupes d'officiers, on distingue M. de Sercey, qui a un plan entre les mains, et M. le comte de Chabannes ; M. le capitaine Louis Dubreton et M. le duc d'Elchingen. Au fond, M. le général de Rumigny observe avec une lunette au-dessus d'une pièce de canon, l'état de la brèche déjà praticable.

Enfin un de ces groupes gracieux qui sortent aussi aisément du pinceau de M. Horace Vernet que les plus belles scènes militaires, captive l'intérêt du spectateur. Une vivandière, assise contre une traverse, contraste, par l'expression heureuse de sa physionomie, avec la sévérité de la scène principale. D'un côté, un soldat blessé s'approche pour lui demander des secours; de l'autre, deux enfants de troupe se glissent contre terre, et regardent, avec la curiosité de leur âge, les princes qu'ils voient pour la première fois. Cette vivandière est Toinette Mouron, qui donna un rare exemple de courage. Des mineurs avaient été envoyés pour miner le rempart de la lunette Saint-Laurent; enfermés sous le feu des Hollandais dans la niche même qu'ils avaient creusée, ils n'avaient de vivres que ceux que Toinette Mouron allait leur porter la nuit, au milieu des projectiles lancés par l'ennemi et auxquels elle eut le bonheur d'échapper.

Le médaillon de la voussure représente la *Prudence*, et l'on voit, dans les grisailles, des Belges qui vont au-devant de l'armée française; puis la reddition de la citadelle et la sortie de la garnison hollandaise, qui défile devant nos troupes.

ATTAQUE

DE SAINT-JEAN-D'ULLOA

PAR LA FLOTTE FRANÇAISE.

(27 Novembre 1838.)

Cette expédition, qui vengea si bien l'honneur de la France, avait pour but de punir les violences dont plusieurs citoyens français avaient été victimes au Mexique. L'escadre, forte de 23 bâtiments, était commandée par l'amiral Baudin, et l'attaque dura quatre heures.

Nous ne craignons pas d'être accusé d'exagération, en disant que lorsqu'on arrive devant cette toile éclatante, on se croit d'abord sous le charme d'une illusion d'optique. La vergue paraît avancer, on s'attend à la voir remuer, et au bout de quelques minutes, on se sent comme sur la mer : tant est merveilleuse la flexibilité du génie de notre grand peintre, tant il est vrai de dire qu'héritier d'un nom illustré, pendant deux générations, par des talents de diverse nature, M. Vernet a eu le bonheur de réunir ces deux talents et d'y ajouter le cachet d'un génie original.

La même main, si habilement avare de lumière pour le ciel d'Anvers au mois de novembre, s'est ouverte sans efforts et l'a répandue à profusion dans le ciel et sur la mer des tropiques. La côte du Mexique, le fort de Saint-Jean-d'Ulloa, la crête des faibles lames que roule une mer tranquille, nos vaisseaux et nos marins, resplendissent d'une teinte dorée qui achève l'illusion.

Devant nous, et l'on pourrait dire, hors du tableau, la corvette *la Créole*, commandée par M. le prince de Joinville, canonne la forteresse mexicaine dont le feu commence à languir. Le prince, debout sur la dunette du navire, écoute le rapport d'un de ses officiers, M. Penaud, lieutenant de vaisseau. Pendant ce temps, l'explosion d'un magasin à poudre détruit une partie du fort et fait sauter la tour fameuse, appelée *le Cavalier*. C'est là cette place réputée imprenable, que le Mexique opposait aux flottes européennes, comme un invincible boulevard ; mais il apprendra bientôt avec effroi, qu'en peu d'heures, la marine française ne lui a laissé de sa citadelle tant vantée que des ruines fumantes.

L'œil ne peut se détacher de ce bâtiment, de cette voile, de ces cordages, dont il suit naturellement les détails si vrais. Dans l'intérieur du vaisseau, quel mouvement, et quel ordre ! Chacun est à son poste : le prince paye d'exemple et s'expose avec le sang-froid d'un marin aux coups de l'artillerie ennemie. Trois hommes de l'équipage sortent par un sabord, pour réparer le dommage causé à la muraille de leur corvette, par un boulet qui vient de traverser la chambre du prince de Joinville ; de l'autre côté, leurs camarades s'empressent à la manœuvre des caronades. Mais il faut s'arrêter à ce marin, qui monte une petite barque, remorquée par la *Créole*. Ses traits rudes, son maintien hardi et noble, l'expression d'audace que donne au visage la vie aventureuse de la mer, en font le type véritable du matelot. Il contemple l'effet d'un boulet qui vient de tomber dans l'eau, tandis que son camarade a les yeux fixés sur le brave commandant de la *Créole* et le salue de ses acclamations.

A droite, on voit la frégate la *Gloire*, de 60 canons, et M. l'amiral Baudin, debout sur l'arrière. Avec l'audace qui l'a rendu si populaire, il s'est engagé au milieu des récifs dont cette côte est hérissée, et sur lesquels les Mexicains comptaient arrêter l'escadre française.

Le médaillon placé au-dessus de ce tableau, représente la *Justice*. Le sujet de la grisaille est le débarquement des Français à la Véra-Cruz, après la reddition du fort.

Petits Tableaux.

—

Il nous reste à parler des sept petits tableaux placés au-dessus des portes, peints aussi par M. Horace Vernet.

A gauche en entrant (A côté de l'Attaque de Saint-Jean d'Ulloa) :

1.° *Le Combat de Somah,* livré en 1836. L'infanterie française attaque et culbute à la baïonnette les Arabes. Le commandant Changarnier est à cheval, au centre du carré.

2.° *Combat de la Sickak* (1836), gagné par M. le général Bugeaud, en personne, sur Abd-el-Kader. Le général est représenté faisant des prisonniers sur l'ennemi qui est en fuite.

A droite (du côté du Passage du Téniah de Mouzaïa et du Siége d'Anvers) :

3.° *Combat de l'Affroun* (1840), gagné pendant le gouvernement de M. le maréchal Valée. C'est la première affaire de M. le duc d'Aumale. On remarque au premier plan deux Arabes vivement poursuivis : l'un d'eux tire un coup de pistolet, et son compagnon lui présente un sabre pour se défendre.

4.° *La flotte française force l'entrée du Tage*, 11 juillet 1831.—Le Gouvernement de don Miguel ayant offensé le Gouvernement français, l'amiral Roussin pénétra dans le Tage, par une attaque hardie, et arriva dans le port de Lisbonne. Il monte le vaisseau *la Ville de Marseille;* on aperçoit le *Santi-Petri*. Ce fut le premier triomphe par lequel notre flotte inaugura sur l'Océan le pavillon de 1830, et il appartenait à l'illustre amiral d'y attacher son nom.

5.° *Entrée de l'armée française en Belgique* (1831).—La Belgique, envahie par les Hollandais, allait succomber et subir de nouveau la domination qu'elle avait détruite aux journées de septembre (1830), lorsque la France alla à son secours. Cette armée, qui passa la frontière pour la délivrer, sauva Bruxelles, déjà serrée de près par les troupes hollandaises.

Au fond de la salle (à côté du Combat de l'Habrah) :

6.° *Prise d'Ancône par les Français* (1832). Le corps expéditionnaire, commandé par le capitaine de vaisseau Gallois, débarque pendant la nuit. Les sapeurs du 66.e de ligne, conduits par Combes, enfoncent la porte de la ville, tandis que les marins escaladent. Le mérite de cette action fut dans la promptitude de l'exécution, mais sur-tout dans la pensée politique qui l'avait ordonnée. Il fallait à la fois prévenir les Autrichiens, qui pouvaient occuper la ville d'un moment à l'autre, et leur faire voir qu'on ne leur reconnaissait pas un droit exclusif d'intervention dans les états du Saint-Siége.

7.° *Prise de Bougie* (1833). — Dans les années qui suivirent la conquête d'Alger, on occupa successivement les places maritimes. Bône avait été conquise en 1832; on s'établit à Bougie pour avoir un point d'appui entre cette ville et Alger. C'est le général Trézel qui commande, et l'officier qui tombe est M. Molière.

FIN.

TABLE DES MATIÈRES.

www.ingramcontent.com/pod-product-compliance
Ingram Content Group UK Ltd.
Pitfield, Milton Keynes, MK11 3LW, UK
UKHW022007260726
13994UKWH00004B/1976

9 782329 363691